經典
少年遊

003

古詩十九首

亂世的悲歡離合

Nineteen Ancient Poems
Poetry in Wartime

繪本

故事◎張瑜珊
繪圖◎吳孟芸

這是梁武帝的太子蕭統。

他蒐集好久以前的五言古詩，

編成了「古詩十九首」。

那是一則則關於分別與思念的故事。

小溪旁，樹林間，
馬蹄噠噠響著。
腳步聲從遠方傳來，
慢慢靠近，卻又漸漸消失。
那是將要離家工作的丈夫，
送給妻子的告別。

留在家中的妻子，
想著望著，
好像所有的風景，
都寫上了「思念」兩字。
看著庭院那棵開花的樹，
多想保存淡淡的芳香，
送給遠方的丈夫。

7

妻子想著：

「山中那株寂寞的竹子，

不就是我嗎？

孤獨而安靜，

等待丈夫回家。」

就連朋友送了一匹布，
考慮著要裁成衣裳，
還是縫成被子，
都讓人湧起無限思念。
唉！ 想念遠在他方的丈夫，
讓她既消瘦、 又憔悴，
一夕之間變老不少。

不知道何時才能相見，
不知道對方過得好不好。
吃得好嗎？ 穿得暖嗎？
這樣的分別就像是牛郎與織女
一年只能見一次。
怎麼教人不難過？

遠方的丈夫也是如此。
白天的時候，
看到水面的芙蓉花，
他想到的只是：
「好想摘下來送給遠方
的她。」

15

夜晚的時候，
望著窗外潔白的月亮，
想到的也只是家中的妻子。
到底，
何時才能團圓？

17

不管如何，

仍然必須為工作奔波忙碌。

不管如何，

丈夫仍然踏遍一個又一個城鎮。

為ㄨㄟˋ了ㄌㄜ˙給ㄍㄟˇ遠ㄩㄢˇ方ㄈㄤ的ㄉㄜ˙妻ㄑㄧ子ㄗˇ更ㄍㄥˋ好ㄏㄠˇ的ㄉㄜ˙生ㄕㄥ活ㄏㄨㄛˊ，
他ㄊㄚ只ㄓˇ能ㄋㄥˊ一ㄧ直ㄓˊ走ㄗㄡˇ下ㄒㄧㄚˋ去ㄑㄩˋ。

唉ㄞ，　看ㄎㄢ到ㄉㄠ這ㄓㄜ裡ㄌㄧ，

蕭ㄒㄧㄠ統ㄊㄨㄥ既ㄐㄧ感ㄍㄢ動ㄉㄨㄥ又ㄧㄡ哀ㄞ傷ㄕㄤ。

既ㄐㄧ然ㄖㄢ生ㄕㄥ活ㄏㄨㄛ中ㄓㄨㄥ這ㄓㄜ麼ㄇㄛ多ㄉㄨㄛ悲ㄅㄟ歡ㄏㄨㄢ離ㄌㄧ別ㄅㄧㄝ，

既ㄐㄧ然ㄖㄢ光ㄍㄨㄤ陰ㄧㄣ如ㄖㄨ此ㄘ短ㄉㄨㄢ暫ㄓㄢ，

那ㄋㄚ麼ㄇㄛ，　倒ㄉㄠ不ㄅㄨ如ㄖㄨ好ㄏㄠ好ㄏㄠ享ㄒㄧㄤ受ㄕㄡ當ㄉㄤ下ㄒㄧㄚ，

遊ㄧㄡ樂ㄌㄜ宴ㄧㄢ會ㄏㄨㄟ，　談ㄊㄢ天ㄊㄧㄢ說ㄕㄨㄛ笑ㄒㄧㄠ。

別期待著可以跟仙人一樣長生不老，
也不要吝嗇，別怕揮霍。
我們凡人啊！只能把握現在的每一刻。

古詩十九首

亂世的悲歡離合

讀本

原著◎無名氏
編者◎蕭統
原典改寫◎康逸藍

真誠動人的「古詩十九首」是由誰而作？
又描寫了什麼人呢？

誰寫了「古詩十九首」？我們只知道，「古詩十九首」是由不同的人，在不同時間與地方所寫下來的詩作，因此統稱為「無名氏」。這些無名氏有可能是漢朝人，也可能是讀過書的文人，看著當時的悲歡離合，寫下這些傷心分別場景。透過描寫夫婦朋友間的離愁別緒，表現士人的失志和人生無常之感。

無名氏

相關的人物

蕭統

TOP PHOTO

南朝梁有個太子，叫做蕭統（501～531年）。他很聰明，喜歡文學，還和身邊的文士們，搜集自古以來眾多文人的作品，做有系統的分類，編成《昭明文選》，而「古詩十九首」最早就是收錄在《昭明文選》中。圖為蕭統畫像，出自清末《歷代名臣像解》。

梁武帝

蕭統的爸爸是南朝的梁武帝，是個多才多藝的詩人，還是個佛教徒。梁武帝非常注重蕭統的教育，聘請有學問的老師來教導他。蕭統過世之後，梁武帝還為他取名為「昭明太子」。

遊子

「古詩十九首」中最常出現的角色就是出門在外的遊子，他們為了到外地工作，往往都必須離家很遠很久。

妻子

「古詩十九首」中出現了很多等待的女子。她們的丈夫出外工作，而她們只能在家中守候。她們吃不下飯，登上高樓遠望，或是看著庭院中開花的樹，等著丈夫寄回來的信，等著他們終於回家的那一天。

漢靈帝

東漢末年亂糟糟，其中有個皇帝很糟糕。漢靈帝居然說宦官是他的爸爸媽媽，還把國家大事全都交給他們，使得天下大亂。

雖然目前無法確定「古詩十九首」的確切問世時間，
現在大都認為它是由許多人創作，出於東漢末期的作品。

太后執政

88 年

公元 88 年，年僅十歲的漢和帝即位，因為年歲太小，由竇太后代為執政，東漢從此走向外戚、宦官輪流掌權的日子。通常皇帝登基的時候尚在幼年，而皇太后與外戚藉機掌權，等到皇帝長大後，便聯合宦官剷除外戚的勢力，成為東漢衰敗的原因。

相關的時間

打敗匈奴

124 年

此時匈奴在北方仍然不斷騷擾漢朝，因此東漢派班勇擊敗北方的匈奴，穩定了西域的局勢。班勇的爸爸就是班超，曾經出使西域，殺掉許多匈奴使者。

除外戚

159 年

外戚指的就是皇帝的親戚，他們自從漢和帝之後就趁機干涉朝政。漢桓帝即位後，由於討厭外戚，便聯合宦官殺掉外戚，還把幫助他的宦官一一升官。這些宦官到處向老百姓勒索，讓漢朝民生更加衰弱。

黨錮之禍

166 年

為非作歹的宦官讓百姓民不聊生，朝廷中許多正直的士大夫與太學生都看不慣，於是向桓帝報告這件事。但是皇帝只相信宦官，因此下令將他們統統抓起來，終身不能當官，這就是著名的「黨錮之禍」。

黃巾之亂

184 年

宦官藉著皇帝之名，到處作威作福，百姓生活非常苦。有個人叫張角，在民間創立了「太平道」，用法術為人治病，獲得百姓們的支持。他在這一年帶領民眾，在頭上綁著黃巾，燒毀地方官府，氣勢非常盛大，稱為「黃巾之亂」。下圖出自元刻本《至治新刊全相平話三國志傳》。

三國時代

208 年

東漢末年，皇帝已經失去實際權力。取而代之的，是曹操帶領的曹魏，孫權帶領的孫吳，與劉備代表的蜀漢，也就是常說的三國。三國之間互有戰爭，留下了聞名後世的「赤壁之戰」、「草船借箭」等故事。

「古詩十九首」是由漢末時期的文人所寫，他們的生活是什麼樣呢？

漢朝時，很多文人開始創作五個字一句的詩，稱為「五言詩」。「五言詩」從民間開始流行，說的都是百姓的生活與感情。之後，許多文人開始跟著創作。目前被公認為最早的「五言詩」是東漢班固的〈詠史〉。

五言詩

相關的事物

百姓吃麥

漢朝人吃什麼？平民和貴族吃的食物可是天差地別。平民有的吃餅，更窮的就吃麥子做成的飯或粥，但是漢朝有些官吏為了表現自己很節儉，也常常吃麥飯。而貴族則喜歡吃肉，不管是牛羊豬雞鴨魚，還是烤的醃的，都是常見的菜餚。圖為東漢庖廚石刻像，我們可以看到漢朝廚師正努力準備盛宴。

TOP PHOTO

説唱陶俑

想知道東漢人有什麼娛樂節目嗎？從出土的東漢説唱陶俑，我們可以知道説唱是當時很流行的娛樂。説唱藝人故意瞇起眼睛、吐出舌頭、扭動著身體，一邊唱歌、一邊説故事，樣子俏皮滑稽。

地動儀

古人説地震就是「地牛翻身」，但要如何測量地牛翻身的方向與大小呢？東漢的天文學家張衡，發明史上第一座測量地震的「候風地動儀」，讓古時候的人們知道，地牛到底在哪裡翻身。

芙蓉

芙蓉就是荷花，為什麼在「古詩十九首」中採的是芙蓉，而不是其他更漂亮的花朵呢？因為芙蓉聽起來就像「夫容」，也就是丈夫的容貌。採下芙蓉花，也就表達對遠方丈夫的思念，這樣的歌唱也常出現在江南的民歌中。

星星

古人研究星星的移動，也為這些星星編出了很多故事。像是「古詩十九首」中，看著牽牛織女星，就想到分隔兩地的夫妻。或者是望著南方的箕星，北方的斗星，感嘆被朋友拋棄。古人看著星星，也寄託了很多感情呢！

東漢已經離我們很遙遠了，但是到這些地方看看，
也許還能感受到當時戰爭的氣勢，還有百姓的生活。

東漢光武帝選擇河南洛陽為首都，在此建立東漢王朝。之後的三國曹魏、西晉、北魏等也都以此地為首都，現今還能看到漢魏故城的遺址。

漢魏故城

相關的地方

八大關卡

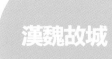

為了保衛首都洛陽的安全，不被外族侵擾，漢靈帝在洛陽周邊設了八個關卡，分別是函谷關，伊闕、廣成、大穀、轘門、旋門、孟津、小平津八關。圖中的是函谷關，它的地勢險要，為兵家必爭之地。

TOP PHOTO

白馬寺

中國的第一座佛寺。東漢明帝有天晚上夢到一個頭頂白光的金人從西方飛來,隔天大臣解夢時認為這是西方佛祖。明帝派人去西方取經,用白馬迎回印度的高僧與佛經,之後所建的佛寺,就命名為白馬寺。

邙山陵墓

東漢一共有十二個皇帝,其中有五名葬在邙山。在邙山皇陵裡最著名的就是光武帝劉秀的墳墓。這裡有株古柏樹從樹幹裡長出了苦楝樹,相傳是光武帝與他愛妻的化身。

博物館

在河南的洛陽博物館,典藏一塊在漢光武帝陵墓附近出土的「石辟邪」石頭。辟邪是古人想像出來的動物,功用是放在陵墓兩側以驅除惡鬼,永保陵墓的安全。

TOP PHOTO

許昌

漢獻帝是東漢最後一位皇帝,由董卓所立。之後更被曹操挾持到河南許昌,雖然還是皇帝的身分,卻已經沒有權力了,這便是歷史上知名的「挾天子以令諸侯」。

原典

行行重行行

行行[1]重行行，與君生別離[2]。

相去[3]萬餘里，各在天一涯[4]。

道路阻[5]且長，會面安[6]可知。

胡馬依北風，越鳥巢南枝。

1. 行行：愈走愈遠
2. 生別離：生離死別，或硬生生地被分開
3. 去：距離
4. 天涯：遙遠的地方
5. 阻：阻礙
6. 安：怎麼

相去日已遠[7]，衣帶日已緩[8]。

浮雲蔽[9]白日，遊子[10]不顧返。

思君令人老，歲月忽[11]已晚。

棄捐[12]勿復道，努力加餐飯。

7. 遠：遙遠
8. 緩：寬鬆
9. 蔽：遮住
10. 遊子：離家遠遊的人
11. 忽：一瞬間
12. 棄捐：丟棄

換個方式讀讀看

　　離別是最令人傷心的事，在戰亂的時候離別更令人難過。這首詩大約是東漢時期的作品，詩人藉著夫妻離別的痛苦，來表達對戰爭的無奈。

　　話說有一個家庭，丈夫要出遠門去了，臨走前幾天，妻子忙著幫他準備行李。離別的日子終於到了，妻子陪著丈夫走啊走啊，真希望這條路沒有盡頭，可以一直走下去，不必分離。

　　如今他們一個在天邊，一個在海角，他們之間的路途不但遙遠，路上還有許多險阻，所以相逢的日子，不知是哪一年的哪一天？

　　連動物都知道家鄉的可貴，那北方的馬到南方以後，總是對著北風嘶鳴，表現牠們對故鄉的依戀；南方的鳥飛到北方時，仍然習慣在向南的枝幹上築巢，也是忘不了自己的故鄉。因此，詩人想像那個妻子，常常在風起的時候，輕輕地呼喚：「夫君啊夫君，你忘了故鄉有我在等你嗎？」

妻子因為太想念丈夫，吃也吃不好，睡也睡不著，整個人瘦了一大圈，衣服寬寬鬆鬆的。每當那層層烏雲遮蔽了太陽，她的心頭也跟著黯淡無光，心裡不斷呼喚：「你這個遠在他鄉的遊子，為什麼還不趕快回來？」

　　妻子對丈夫的想念一天比一天濃厚，她看到鏡子裡的自己，簡直快認不出自己的臉：「鏡子裡那個憔悴又蒼老的女人是我嗎？」歲月不饒人，相思更是「催老劑」！

　　還好詩人心中還存有一絲希望，他讓這位長吁短嘆的妻子警覺到，不能再這樣繼續下去。她想：丈夫不喜歡她過痛苦的日子，於是決定好好對待自己，用健康的身體和快樂的心情，安心地等丈夫回來。

　　這首詩並沒有一路悲觀到底，詩人認為不管環境多麼惡劣，都要對未來懷抱希望啊！

原典

涉江采芙蓉

涉江采¹芙蓉，

蘭澤²多芳草³。

采之欲遺⁴誰，

所思在遠道⁵。

1.采：摘採
2.蘭澤：蘭草生長的沼澤地
3.芳草：香草
4.遺：贈送
5.遠道：遠方

還顧⁶望舊鄉，
長路漫浩浩⁷。
同心而離居⁸，
憂傷以終老⁹。

6. 還顧：回頭看
7. 漫浩浩：長遠的樣子
8. 離居：分隔兩地
9. 終老：到老

換個方式讀讀看

夏天是荷花盛開的季節，人們呼朋引伴，涉入水中採荷花。水鴨三三兩兩，優游自在地漂浮著。一個遊子也感染了江中熱鬧的氣氛，跟著涉入水中尋找漂亮的花朵。

遊子尋尋覓覓，他發現有一處泥濘的水澤那邊，荷花長得特別清新美麗。遊子不怕泥濘，也往水澤走過去，不久，就採了滿滿一把。等他採完了才想到，要把這些花送給誰呢？因為他所想念的妻子，正在很遙遠的故鄉呀！看著身邊採荷花的人們，有的是家人，有的是朋友，有的年輕情侶還玩起躲貓貓的遊戲。

遊子循著故鄉的方向望過去，只看到遙遠的天際煙霧茫茫，中間隔著千山萬水。故鄉也有荷花，這個時候是不是也盛開著？他思念的妻子，

是不是也涉到水裡採花？

　　遊子遠離家鄉，為的是要多賺些錢，讓家人過好日子。沒想到發生戰爭，沒辦法，只好找一個安全的地方，暫時住下來。想要寫信給妻子，也因為戰火蔓延，書信難通。他希望家鄉也和這裡一樣，沒有戰爭的紛擾，親朋好友還可以過上太平日子。

　　遊子看著有人在江邊擺起野餐，吃吃東西聊聊天，好幸福的生活，這些他都只能在夢中回味了。他和妻子同樣思念著對方，距離卻是那麼遙遠。夏去秋來，歲月是不等待人的，他很害怕要這樣相思到老。

　　遊子向老天爺祈求，他可以早日回到故鄉，和家人團聚。在荷花盛開的季節，他要把最清芬的花朵獻給妻子。

原典

庭ㄊㄥ中ㄓㄨㄥ有ㄧㄡ奇ㄑㄧ樹ㄕㄨ

庭ㄊㄥ中ㄓㄨㄥ有ㄧㄡ奇ㄑㄧ樹ㄕㄨ，

綠ㄌㄩ葉ㄧㄝ發ㄈㄚ華ㄏㄨㄚ滋ㄗ[1]。

攀ㄆㄢ[2]條ㄊㄧㄠ折ㄓㄜ其ㄑㄧ榮ㄖㄨㄥ[3]，

將ㄐㄧㄤ以ㄧ遺ㄨㄟ[4]所ㄙㄨㄛ思ㄙ。

1. 華滋：花盛開
2. 攀：折
3. 榮：盛開的花
4. 遺：贈送

馨香盈[5]懷袖，
路遠莫致[6]之。
此物何足[7]貴，
但感別經時[8]。

5. 盈：充滿
6. 致：送
7. 何足：哪裡值得
8. 經時：很長的時間

換個方式讀讀看

　　庭院應該不只有一棵樹，可是其中的一棵「奇樹」，特別引起妻子對丈夫的思念，為什麼呢？是樹的形狀奇特、美麗，還是樹的品種很稀有？而這一棵奇樹可能就因為有奇異之處，成為兩個人之間一組「記憶的密碼」，只有他們兩個人可以開啟那些記憶寶庫。

　　我們可以想像，這一對夫妻把奇樹當成一個「景點」，樹下也許擺著雅致的桌椅，閒來無事，夫妻在那裡品茗、話家常；如果樹夠大，也許垂掛鞦韆架，一人坐著，一人在後面輕輕推著，任晚風吹拂過他們的臉頰，甜蜜的感覺隨著鞦韆盪漾著。這一幅幸福的情景，卻因為丈夫離開家鄉而變調。

　　歲末年終，丈夫沒有回來團圓，眼看著春天讓奇樹的枝葉長得油綠、茂密，正該是兩人在樹下賞花、品茗的時節，身邊卻少了一個人。孤零零地坐在鞦韆上，誰來輕輕推呢？

妻子順手摘下芬芳的花朵，低頭嗅著這熟悉的香味，多想和心所繫念的人共享，有股衝動要立刻到他眼前，讓他也聞一聞。這時才驚覺丈夫遠在他鄉，路途是那麼遙遠，這些新鮮的花朵，怎麼經得起漫長旅途的折騰？就像如花一般的妻子，怎麼經得起歲月的催促，何況比歲月更讓人折騰的「相思」呢？

　　這首詩以妻子的立場來寫，情感的表達更含蓄，最後還說：「花是自家種的，並不特別珍貴，只是夫君離家太久，沒有機會欣賞這芳香的花罷了！」

　　當花開花落，一年即將過去時，盼望夫君回來的日子，永遠是個未知數，妻子只有在樹下回味兩人共處的時光。再次低頭聞著滿袖的花香，淚水也許已經滴在花朵上了。

原典

冉ㄖㄢˇ冉ㄖㄢˇ孤ㄍㄨ生ㄕㄥ竹ㄓㄨˊ

冉ㄖㄢˇ冉ㄖㄢˇ[1]孤ㄍㄨ生ㄕㄥ竹ㄓㄨˊ，結ㄐㄧㄝ根ㄍㄣ泰ㄊㄞ山ㄕㄢ阿ㄜ[2]。

與ㄩˇ君ㄐㄩㄣ為ㄨㄟˊ新ㄒㄧㄣ婚ㄏㄨㄣ，菟ㄊㄨˋ絲ㄙ附ㄈㄨˋ[3]女ㄋㄩˇ蘿ㄌㄨㄛ[4]。

菟ㄊㄨˋ絲ㄙ生ㄕㄥ有ㄧㄡˇ時ㄕˊ，夫ㄈㄨ婦ㄈㄨˋ會ㄏㄨㄟˋ有ㄧㄡˇ宜ㄧˊ。

千ㄑㄧㄢ里ㄌㄧˇ遠ㄩㄢˇ結ㄐㄧㄝ婚ㄏㄨㄣ，悠ㄧㄡ悠ㄧㄡ隔ㄍㄜˊ山ㄕㄢ陂ㄆㄧˊ[5]。

1. 冉冉：柔弱下垂的樣子
2. 山阿：山的彎曲處
3. 附：依附
4. 菟絲、女蘿：皆為蔓生植物。此處以菟絲指女子，女蘿指丈夫
5. 山陂：山坡

思君令人老，軒車[6]來何遲！

傷[7]彼蕙蘭花，含英[8]揚光輝。

過時[9]而不采[10]，將隨秋草萎[11]。

君亮執高節[12]，賤妾[13]亦何為！

6. 軒車：貴族的乘車
7. 傷：毀損，此指枯萎
8. 含英：花朵剛綻放
9. 過時：過了開花的時間
10. 采：摘採

11. 萎：枯萎
12. 高節：高尚的節操
13. 賤妾：妻子對丈夫的自稱

換個方式讀讀看

　　剛剛結婚的少婦，應該還陶醉在甜蜜的感情世界裡，可是有一個少婦，卻已經嘗到孤單寂寞的痛苦了。

　　新婚少婦就像一株柔弱的竹子，這株竹子生長在高大的泰山上，就像她嫁給了一位堂堂的男子漢，有個厚實的肩膀可以靠著。少婦又像菟絲一類的藤蔓植物，找到終生可以攀附的大樹，期盼每天和大樹相依相偎，過著幸福的日子。

　　可是啊，才結婚不久，新郎就說：「娘子啊，我想趁年輕的時候出去闖一闖。如果我能夠功成名就，你也可以過榮華富貴的日子。」其實，少婦才不一定要過什麼榮華富貴的日子，她只要和丈夫廝守在一起。然而，看到丈夫志向遠大的樣子，她也只好含淚答應。

　　少婦就像菟絲草失去依附的大樹，日子變得不好過，過一天好像過一年。人家說相思是最容易讓人老的，每次和女伴們到溪邊洗衣服，女伴

們喜歡先對著水面，整整髮、照照臉，少婦卻急急把衣服放入水裡，讓水面起波紋，以免看到自己一副愁眉苦臉的樣子。

記得丈夫說等他有了成就才要回來，少婦盼望丈夫早日成功，可以乘著高大的馬車回來。少婦的期待總是落空，是不是丈夫沒有成功，不敢回來；還是他成功了，卻愛上別的女人，不要她了？

庭院中的蘭花又開了，蘭花在陽光下開得多麼婀娜多姿，卻沒有人陪著她一起欣賞，蘭花似乎也失去了光彩。再說，蘭花如果開太久沒有採下來，也會隨著其他草木一樣枯萎。

蘭花的樣子很純潔高雅，少婦對著蘭花說：「希望我的夫君能夠守著對我的愛，我也會堅貞不渝，守著對他的愛，讓我們相逢的日子早點來到吧！」

少婦終究抱著希望，一心期盼丈夫早日乘著由駿馬拉著的大車回來。

原典

迢ㄊㄠ迢ㄊㄠ牽ㄑㄢ牛ㄋㄡ星ㄒㄥ

迢ㄊㄠ迢ㄊㄠ[1]牽ㄑㄢ牛ㄋㄡ星ㄒㄥ，

皎ㄐㄠ皎ㄐㄠ[2]河ㄏㄜ漢ㄏㄢ女ㄋㄩ[3]。

纖ㄒㄧ纖ㄒㄧ擢ㄓㄨㄛ[4]素ㄙㄨ手ㄕㄡ[5]，

札ㄓㄚ札ㄓㄚ[6]弄ㄋㄨㄥ機ㄐㄧ杼ㄓㄨ。

終ㄓㄨㄥ日ㄖ不ㄅㄨ成ㄔㄥ章ㄓㄤ[7]，

1. 迢迢：遙遠的樣子
2. 皎皎：明亮的樣子
3. 河漢女：織女星
4. 擢：舉起
5. 素手：白皙的手
6. 札札：機件轉動的聲音
7. 章：布上的紋理

泣涕零[8]如雨。

河漢[9]清且淺，

相去復幾許。

盈盈[10]一水間，

脈脈[11]不得語。

8.零：落
9.河漢：銀河
10.盈盈：清淺的樣子
11.脈脈：眼神含情，相視不語的樣子

換個方式讀讀看

　　夜裡，滿天的星斗其實是由許多星宿組成，它們的背後幾乎都有一些傳說故事，其中鼎鼎有名的是牽牛星和織女星的愛情故事。

　　相傳織女是玉皇大帝的孫女，她的手很巧，善於織布，可以織出繁複而美麗的花紋。有一天，織女下凡到人間，愛上在農村放牛的牛郎，他們結為夫妻，還生下一對兒女。幾年後，王母娘娘召喚織女回天上，織女依依不捨地回到天上，牛郎實在捨不得織女離開，帶著兒女緊緊追來，眼看就要追上了，王母娘娘趕緊拔下頭上的銀簪，扔在牛郎和織女當中，銀簪變成了一條銀河，分開他們一家人。他們苦苦哀求，王母娘娘答應他們，每年七夕可以見一次面。天上的喜鵲很同情牛郎織女，每年的七夕都到銀河邊，搭成一座「鵲橋」，讓他們夫妻相聚。

　　這個淒美的故事家喻戶曉，因此，許多長久不能見面的夫妻，常常自比為牛郎織女。

有一位少婦，她看著明亮的牽牛星和織女星，就想起牛郎和織女的愛情故事。織女舉起她的「纖纖」玉手，在織布機上忙碌著，織布機不斷發出「札札」聲，就像她手上一成不變的工作一樣非常枯燥乏味。那雙「纖纖」玉手原本非常靈巧，此時卻顯得柔弱無力，惹人愛憐。

她愈想心情愈沉重，織了一整天，織不出什麼好花紋。織著織著，竟然傷心得淚下如雨。她和牛郎、兒女，相隔一條清清淺淺的銀河，看起來距離很近，卻不能相聚在一起。如果看不到對方，也許還沒有那麼難過，就因為看得到卻只能含情脈脈對望。

每年七夕，地上的姑娘們抬頭仰望星空，尋找牽牛星和織女星，希望能看到他們一年一度的相會。少女們順便乞求上天，能讓自己擁有織女那樣的慧心巧手，也祈禱自己能找到如意郎君，但沒有織女和牛郎分隔兩地的苦。因此，現在的七夕成了中國的情人節。

原典

去ㄑㄩ者ㄓㄜˇ日ㄖˋ以ㄧˇ疏ㄕㄨ

去ㄑㄩ者ㄓㄜˇ日ㄖˋ以ㄧˇ疏ㄕㄨ[1]，

來ㄌㄞˊ者ㄓㄜˇ日ㄖˋ已ㄧˇ親ㄑㄧㄣ。

出ㄔㄨ郭ㄍㄨㄛ[2]門ㄇㄣˊ直ㄓˊ視ㄕˋ，

但ㄉㄢˋ見ㄐㄧㄢˋ丘ㄑㄧㄡ與ㄩˇ墳ㄈㄣˊ。

古ㄍㄨˇ墓ㄇㄨˋ犁ㄌㄧˊ[3]為ㄨㄟˊ田ㄊㄧㄢˊ，

1. 疏：遠
2. 郭：城門
3. 犁：耕土、翻土

52

松柏摧[4]為薪[5]。

白楊多悲風，

蕭蕭[6]愁殺[7]人！

思還故閭里[8]，

欲歸道無因[9]。

4. 摧：折
5. 薪：柴火
6. 蕭蕭：落葉聲
7. 殺：煞，極
8. 閭里：鄉里
9. 無因：沒有原因

換個方式讀讀看

　　東漢末年，戰爭讓人們隨時面對死亡的威脅，在那種情況下，有些人覺得人生苦短，又有許多災禍，不如及時行樂。

　　這位詩人走出城門外，放眼望去有很多墳墓，裡面都是死去不久的人，每年有親人來祭拜，把墳墓打理得乾乾淨淨。我們是慎終追遠的民族，一旦長輩去世，子孫會為他們舉行隆重的告別式，也會選擇好地方下葬。每一年清明節，全家一起來掃墓。

　　可是，有時候子孫遷往他鄉，或者發生戰爭，大家都逃到外地，再也沒有機會回鄉。所以，一些年代比較古老的墳墓，就沒有子孫祭拜，年久失修之後，墓碑塌陷，附近長滿野草，根本看不出原來是墓地。久而久之，就被犁為田地，或蓋了新房子，形成新的村落。原本種在墳前的松樹柏樹，長得高高大大，正好砍下來當柴燒。誰會料到有這麼一天呢？

詩人一路走，一路想，只聽得路邊的白楊樹，被風吹得蕭蕭作響，特別讓人興起一股蕭瑟感，不禁覺得很悲哀。應該是秋天了吧，草木漸漸枯黃，眼前所見的景象是一片淒涼。秋天來了，冬天也不遠了，表示一年又將要結束，歲月匆匆忙忙過，人的一生不也是如此嗎？

　　原來詩人是身在異鄉為異客，難怪面對這種情景，感慨特別多。遠離家鄉的遊子，對家鄉的近況不了解，很擔心親人是不是都健康、平安？路途是那麼遙遠，交通又不便利，如果要趕回家鄉過年，和家人吃團圓飯，現在就要動身了，只是戰爭還沒有結束，想要回故鄉，卻找不到安全的路啊！

　　有家歸不得，這又是亂世的人所面臨的苦境，然而，平民老百姓根本沒有力量阻止戰爭呀！

原典

生年不滿百

生年不滿百，
常懷千歲憂[1]。
晝短苦夜長，
何不秉[2]燭游[3]！
為樂當及時[4]，

1. 憂：擔憂
2. 秉：用手執握
3. 游：遊玩，此指及時行樂
4. 及時：立刻、馬上

何能待來茲[5]？
愚者愛惜費，
但為後世嗤[6]。
仙人王子喬[7]，
難可與等期[8]。

5. 來茲：來年
6. 嗤：嘲笑
7. 王子喬：傳說中的仙人
8. 等期：相同的壽命

換個方式讀讀看

　　擔憂好像是人生的常態，小孩擔心功課不好，父母擔心兒女不乖，老人擔心身體不好，更不要說還有天災人禍。兩千年前的詩人已經知道這一點，所以寫下這一首詩。

　　詩人一開始就說「生年不滿百，常懷千歲憂」，用「百」和「千」當對比，就是要凸顯人有多麼會擔憂。想想看，一個人的壽命，很少超過一百歲，可是在這短短不到百年的光陰，卻老是懷著千年的憂愁似的，沒有辦法輕輕鬆鬆過日子。

　　古代沒有電燈，漫漫長夜好像沒有盡頭，人更要愁眉不展了，因為有太多的事情要去完成，老是怕時間不夠用。詩人提醒大家，何不拿著火燭夜遊，這樣，就可以把白天的活動延續了。

　　其實詩人真正要告訴世人的是「把握當下」，該要快樂的時候就要快樂，不必讓擔心把時間虛度過去。就像有些愚笨的人想不開，總是捨不

得花費一分一毫的錢財，成了人人眼中的「守財奴」。他們難道不知道人一旦死了，那些財物根本帶不走，只會讓人嘲笑他們。

　　人們總是希望自己長生不老，所以自古以來，有許多修鍊成仙的故事流傳下來，其中王子喬成仙的故事讓人津津樂道。王子喬是周靈王的太子，他善於吹笙，能吹出像鳳凰鳴叫的音樂。他被道士浮丘公接到嵩山上修道，修了三十年。當大臣們去找他的時候，他說：「七月七日那天，你們可以到緱氏山上找我。」結果到了那天，王子喬騎著一隻白鶴在山頭，他一派自在地向大家揮手，然後就騎鶴飛去。王位在他心目中，還不如當神仙快活。

　　很多人都希望能跟王子喬一樣壽命無窮，詩人告誡大家，生在這種離亂時代，不知道可以活到哪一天，怎能妄想和王子喬一樣成仙呢？別傻了，不如輕鬆看待生命，把握眼前的時光，充實過日子。

客從遠方來

客從遠方來，

遺[1]我一端綺[2]。

相去[3]萬餘里，

故人心尚爾。

文彩[4]雙鴛鴦，

1. 遺：贈送
2. 一端綺：一匹布
3. 去：距離
4. 文彩：花紋

裁為合歡被。
著以長相思，
緣以結不解。
以膠投漆中，
誰能別離此？

5. 裁：縫製
6. 緣：被子的四邊
7. 結不解：用針線緊緊連結，不能分開

換個方式讀讀看

　　這也是描述夫妻分隔兩地彼此相思的作品。詩人將自己化身為詩中的女主角，用第一人稱的口吻來寫。

　　有一個客人，從遙遠的地方來，為我送來素花絲綢，是我的丈夫託他帶來的。我真是既高興又難過，高興的是，雖然我們分開這麼遠，丈夫心裡卻一直惦記著我；難過的是，他還是不能回來和我團聚。

　　我看著絲綢，體會到夫君真有心，選有鴛鴦花樣的絲綢。不過這讓我很猶豫，不知道要用這塊布料做什麼，才能展現夫君的愛呢？突然，我靈機一動，把絲綢裁成一件合歡被，蓋在身上，可以在寒冷的夜晚，感受夫君暖暖的關懷。當我把棉絮填進被子的時候，想起我們的相思像這些棉絮，綿綿密密分不開；當我填好了棉絮，要把棉被的邊縫起來時，又想到我們的婚姻如同這縫線一樣，是「天作之合」呢！

　　有了這條被，我以為不會再孤枕難眠了，可是，為什麼我還是睡不

好？水中的鴛鴦都是成雙成對的，這條被不是應該讓夫妻倆一起蓋著？

　　如果把膠投入漆裡面，讓它們牢牢地結合，誰也沒辦法將它們分開。人家都說，夫妻應該「如膠似漆」。然而，我是「膠」，夫君是「漆」，為什麼我們卻被迫分離呢？

　　戰火連天，家書難以傳達，一封家書的價值抵過黃金。這一塊絲綢飛越過重重戰火，價值更勝萬金了。

　　詩人很有巧思，寫絲綢上的鴛鴦圖樣，被裁成合歡被，象徵成雙成對。有了合歡被，當妻子的是不是就滿足了？絲綢可以做成「合歡被」，夫妻兩人卻不能像合歡的葉子，到了晚上就依偎在一起，不是很枉然嗎？因此詩人最後寫下「以膠投漆中，誰能別離此？」，用問句來控訴戰火的無情，因為在戰火中被迫分離的人，只能無語問蒼天了！

原典

明月何皎皎

明月何皎皎[1]，

照我羅床幃[2]。

憂愁不能寐[3]，

攬衣起徘徊[4][5]。

客行雖云樂[6]，

1. 皎皎：明亮的樣子
2. 床幃：床帳
3. 寐：入睡
4. 攬衣：披著衣服
5. 徘徊：來回走動
6. 客行：出門旅遊

不如早旋歸。
出戶獨彷徨8，
愁思當告誰！
引領還入房，
淚下沾裳衣9。

7.旋：立刻
8.彷徨：徘徊不前
9.裳衣：衣裳

換個方式讀讀看

　　月亮，是自古以來詩人們常常吟詠的對象，寫夫妻之間的「相思」，或是寫遊子思念故里的「鄉思」，藉月亮來吟詠，特別感動人心。

　　這首詩描述遊子在異鄉的心情。也許白天有事可以做，有人可以聊天，時間很容易打發掉。一到晚上，大家都進入夢鄉，遊子睡不著覺，月光偏偏悄悄地照進來，照到床前，照到床上的羅帳，照在詩人的臉龐，也照進詩人的心坎。思鄉的情緒被攪動，再也無法入眠。於是他起來，隨意披了件衣服，在房間裡走來走去。良辰美景應該要和相愛的人共賞，可是他遠在他鄉，不能陪在家人身旁，共享這美好的時光。

　　為了追求理想來到異鄉，雖然可以闖一番事業，可以飽覽異鄉的風光，也結交一些新朋友。只是夜深人靜時，難免會常常想起故鄉的一切。

看到月亮，尤其令他興起「不如歸去」的想法，在外地的日子雖然快樂，還不如早日回去陪陪家人。

　　他愈想愈難過，走到庭院裡，望著天上的明月，獨自徬徨，不知道該把心中的憂愁和相思說給誰聽？為什麼不回去，是事業還沒有達到巔峰，不能風風光光地「衣錦還鄉」？還是戰火蔓延，阻斷了回鄉的路？夜深了，有點涼意，他在庭院站了很久，他低著頭，默默走回房間，脫下衣服，才發現他的淚水已經沾溼了衣裳。人家說「男兒有淚不輕彈」，那是不到傷心處啊！故鄉是一個人的根，遊子像風箏，不管走到天涯海角，總有一根無形的線牽引著，那是一根永遠不會斷的線。

當遊子的伴

還記不記得每次在機場或火車站與家人、好朋友道別時的心情？一定是相當不捨，心裡在想什麼時候可以再相見呢？「古詩十九首」裡的詩人，他們也曾經歷了同樣的景況。「古詩十九首」是東漢末年現實生活的反映，這面時空鏡能夠保存下來，得感謝編輯蕭統。

東漢末年的戰亂，令很多人被逼與家人分離，古時交通並不像現在那麼發達，崎嶇的旅途上會遇到很多的險阻，這一分別就是好幾十年，甚至沒有機會再見，天人永隔。

想想看，即使現在飛機縮短了人與人之間的距離，手機、電腦等工具增加了彼此溝通的機會。可是，原來不論物質科技怎麼進步、怎麼演變，我們和古人所面對的處境相去不遠。我們仍然目睹各種戰亂在發生著，人們依然必須離鄉背井，到外地謀生、升學，以尋找更美好的未來。

「古詩十九首」裡所描述的人物，大都是遊子和思婦。這位遊子，他可能是一位女子的丈夫，也可能是一對老夫妻的獨生子。你偶然與遊子相遇，他和你分享在路上的遭遇，還告訴你當看到池塘的荷花時，會想起家中的妻子。遊子往故鄉的方向凝視，嘆了一口氣說：「回家的路太漫長了！」

有一天，也許你也會隻身到異地生活，問問自己最想念的人會是誰？當看見天空的月亮、地上的繁花、衣櫥裡的毛衣……這時眼前浮現的是誰，就表示誰對你來說最重要。

我是大導演

看完了「古詩十九首」的故事之後，
現在換你當導演。
請利用紅圈裡面的主題（離別），
參考白圈裡的例子（例如：相思），
發揮你的聯想力，
在剩下的三個白圈中填入相關的詞語，
並利用這些詞語畫出一幅圖。

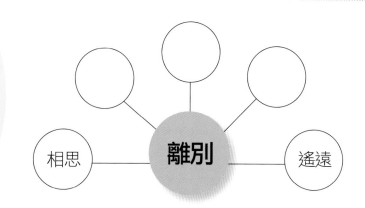

◎ 少年是人生開始的階段。因此，少年也是人生最適合閱讀經典的時候。

　　因為，這個時候讀經典，可以為將來的人生旅程準備豐厚的資糧。

　　因為，這個時候讀經典，可以用輕鬆的心情探索其中壯麗的天地。

◎ 【經典少年遊】，每一種書，都包括兩個部分：「繪本」和「讀本」。

　　繪本在前，是感性的、圖像的，透過動人的故事，來描述這本經典最核心的精神。

　　小學低年級的孩子，自己就可以閱讀。

　　讀本在後，是理性的、文字的，透過對原典的分析與說明，讓讀者掌握這本經典最珍貴的知識。

　　小學生可以自己閱讀，或者，也適合由家長陪讀，提供輔助說明。

001 詩經　最早的歌
Book of Odes:The Earliest Collection of Songs

原著／無名氏　原典改寫／唐香燕　故事／比方　繪圖／AU

聽！誰在唱著歌？「關關雎鳩，在河之洲，窈窕淑女，君子好逑。」這是兩千多年前的人民，他們辛苦工作、努力生活，把喜怒哀樂都唱進歌裡頭，也唱成了《詩經》。這是遙遠從前的人們，為自己唱的歌。

002 屈原　不媚俗的楚大夫
Ch'ü Yüan:The Noble Liegeman

原著／屈原　原典改寫／詹凱婷　故事／張瑜珊　繪圖／灰色獸

如果說真話會被討厭、還會被降職，誰還願意說出內心話？屈原卻仍然說著：「是的，我願意。」屈原的認真固執，讓他被流放到遠方。他只能把自己的真心話寫成《楚辭》，表達心中的苦悶和難過。

003 古詩十九首　亂世的悲歡離合
Nineteen Ancient Poems:Poetry in Wartime

原著／無名氏　原典改寫／康逸藍　故事／張瑜珊　繪圖／吳孟芸

蕭統喜歡文學，喜歡蒐集優美的作品。這些作品是「古詩十九首」，不知道作者是誰，也無法確定究竟來自於何時。當蕭統遇見「古詩十九首」，他看見離別的人，看見思念的人，還看見等待的人。

004 樂府詩集　說故事的民歌手
Yuefu Poetry:Tales that Sing

編者／郭茂倩　原典改寫／劉湘湄　故事／比方　繪圖／菌先生

《樂府詩集》是古老的民歌，唱著花木蘭代父從軍的勇敢，唱出了採蓮遊玩的好時光。如果不是郭茂倩四處蒐集，將五千多首詩整理成一百卷，我們今天怎麼有機會感受到這些民歌背後每一則動人的故事？

005 陶淵明　田園詩人
T'ao Yüan-ming:The Pastoral Poet

原著／陶淵明　原典改寫／唐香燕　故事／鄧芳喬　繪圖／黃雅玲

陶淵明不喜歡當官，不想為五斗米折腰。他最喜歡的生活就是早上出門耕作，空閒的時候看書寫詩，跟朋友喝點酒，開心就大睡一場。閱讀陶淵明的詩，我們也能一同享受關於他的，最美好的生活。

006 李白　長安有個醉詩仙
Li Po:The Drunken Poet

原著／李白　原典改寫／唐香燕　故事／比方　繪圖／謝祖華

要怎麼稱呼李白？是詩仙，還是酒仙？是浪漫的劍客，還是頑皮的大孩子？寫詩是他最出眾的才華，酒與月亮是他的最愛。李白總說著「人生得意須盡歡」，還說「欲上青天攬明月」，那就是他的任性、浪漫與自由。

007 杜甫　憂國的詩聖
Tu Fu:The Poet Sage

原著／杜甫　原典改寫／周姚萍　故事／鄧芳喬　繪圖／王若齊

為什麼詩人杜甫這麼不開心？因為當時的唐朝漸漸破敗，又是戰爭，又是饑荒，杜甫看著百姓失去親人，流離失所。他像是來自唐朝的記者，為我們報導了太平時代之後的動亂，我們看見了小老百姓的真實生活。

008 柳宗元　曠野寄情的旅行者
Liu Tsung-yüan:The Travelling Poet

原著／柳宗元　原典改寫／岑澎維　故事／張瑜珊　繪圖／陳尚仁

柳宗元年輕的時候就擁有好多夢想，等待實現。幾年之後，他卻被貶到遙遠的南方。他很失落，卻沒有失去對生活的希望。他走進永州的山水，聽樹林間的鳥叫聲，看湖面上的落雪，記錄南方的風景和生活。

◎ 【經典少年遊】，我們先出版一百種中國經典，共分八個主題系列：

詩詞曲、思想與哲學、小說與故事、人物傳記、歷史、探險與地理、生活與素養、科技。

每一個主題系列，都按時間順序來選擇代表性的經典書種。

◎ 每一個主題系列，我們都邀請相關的專家學者擔任編輯顧問，提供從選題到內容的建議與指導。

我們希望：孩子讀完一個系列，可以掌握這個主題的完整體系。讀完八個不同主題的系列，

可以不但對中國文化有多面向的認識，更可以體會跨界閱讀的樂趣，享受知識跨界激盪的樂趣。

◎ 如果說，歷史累積下來的經典形成了壯麗的山河，那麼【經典少年遊】就是希望我們每個人

都趁著年少，探索四面八方，拓展眼界，體會山河之美，建構自己的知識體系。

少年需要遊經典。

經典需要少年遊。

009 李商隱　情聖詩人
Li Shang-yin:Poet of Love
原著／李商隱　原典改寫／唐香燕　故事／張瓊文　繪圖／馬樂原

「春蠶到死絲方盡，蠟炬成灰淚始乾。」這是李商隱最出名的情詩。他在山上遇見一個美麗宮女，不僅為她寫詩，還用最溫柔的文字說出他的想念。雖然無法在一起，可是他的詩已經成為最美麗的信物。

010 李後主　思鄉的皇帝
Li Yü:Emperor in Exile
原著／李煜　原典改寫／劉思源　故事／比方　繪圖／查理宛豬

李後主是最有才華的皇帝，也是命運悲慘的皇帝。他的天真善良，讓他當不成一個好君主，卻成為我們心中最溫柔善感的詞人，也總是讓我們跟著他嘆息：「問君能有幾多愁，恰似一江春水向東流。」

011 蘇軾　曠達的文豪
Su Shih:The Incorrigible Optimist
原著／蘇軾　原典改寫／劉思源　故事／張瑜珊　繪圖／桑德

誰能精通書畫，寫詩詞又寫散文？誰不怕挫折，幽默頑皮面對每一次困境？他就是蘇軾。透過他的作品，我們看到的不僅是身為「唐宋八大家」的出色文采，更令人驚嘆的是他處處皆驚喜與享受的生活態度。

012 李清照　中國第一女詞人
Li Ch'ing-chao:The Preeminent Poetess of China
原著／李清照　原典改寫／劉思源　故事／鄧芳喬　繪圖／蘇力卡

李清照與丈夫趙明誠雖然不太富有，卻用盡所有的錢搜集古文畫，帶回家細細品味。只是戰爭發生，丈夫過世，李清照像落葉一樣飄零，所有的難過，都只能化成文字，寫下一句「簾捲西風，人比黃花瘦」。

013 辛棄疾　豪放的英雄詞人
Hsin Ch'i-chi:The Passionate Patriot
原著／辛棄疾　原典改寫／岑澎維　故事／張瑜珊　繪圖／陳柏龍

辛棄疾，宋代的愛國詞人。收回被金人佔去的領土，是他的夢想。他把這個夢想寫進詞裡，成為豪放派詞人的代表。看他的故事，我們可以感受「氣吞萬里如虎」的氣勢，也能體會「卻道天涼好箇秋」的自得。

014 姜夔　愛詠梅的音樂家
Jiang K'uei:Plum Blossom Musician
原著／姜夔　原典改寫／嚴淑女　故事／張瓊文　繪圖／57

姜夔是南宋詞人，同時也是音樂家，不僅自己譜曲，還留下古代的樂譜，將古老的旋律流傳到後世。他的文字優雅，正如同他敏感細膩的心思。他的創作，讓我們理解了萬物的有情與奧妙。

015 馬致遠　歸隱的曲狀元
Ma Chih-yüan:The Carefree Playwright
原著／馬致遠　原典改寫／岑澎維　故事／張瓊文　繪圖／簡漢平

「枯藤老樹昏鴉，小橋流水平沙」，是元曲家馬致遠最出名的作品，他被推崇為「曲狀元」。由於仕途不順，辭官回家。這樣曠達的思想，讓馬致遠的作品展現豪氣，被推崇為元代散曲「豪放派」的代表。

經典 少年遊

youth.classicsnow.net

003
古詩十九首 亂世的悲歡離合
Nineteen Ancient Poems
Poetry in Wartime

編輯顧問（姓名筆劃序）
王安憶　王汎森　江曉原　李歐梵　郝譽翔　陳平原
張隆溪　張臨生　葉嘉瑩　葛兆光　葛劍雄　鄭培凱

原著：無名氏
原典改寫：康逸藍
故事：張瑜珊
封面繪圖：吳孟芸　莊安評
內頁繪圖：吳孟芸

主編：冼懿穎
編輯：張瑜珊　張瓊文　鄧芳喬
美術設計：張士勇　倪孟慧
校對：呂佳真

企畫：網路與書股份有限公司
出版者：大塊文化出版股份有限公司
台北市10550南京東路四段25號11樓
www.locuspublishing.com
讀者服務專線：0800-006689
TEL：+886-2-87123898
FAX：+886-2-87123897
郵撥帳號：18955675
戶名：大塊文化出版股份有限公司
法律顧問：全理法律事務所董安丹律師

總經銷：大和書報圖書股份有限公司
地址：新北市新莊區五工五路2號
TEL：+886-2-8990-2588
FAX：+886-2-2290-1658
製版：瑞豐實業股份有限公司

初版一刷：2012年8月
定價：新台幣299元